Culinária de Todas as Cores

200 Receitas
de Sucos Refrescantes

Culinária de Todas as Cores

200 Receitas de Sucos Refrescantes

PUBLIFOLHA

Um livro da Hachette Livre UK Company
Título original: *All Colour Cookbook: 200 Juices & Smoothies*
Publicado originalmente na Grã-Bretanha em 2008 pela Hamlyn,
uma divisão do Octopus Publishing Group Ltd,
Endeavour House 189, Shaftesbury Avenue, WC2H 8JY, Londres, Inglaterra.

COORDENAÇÃO DO PROJETO: PUBLIFOLHA
Editora-assistente: Paula Dume
Coordenadora de produção gráfica: Mariana Metidieri
Produtor gráfico: Rodrigo Andrade

PRODUÇÃO EDITORIAL: ESTUDIO SABIÁ
Edição: Bruno Salerno Rodrigues
Tradução: Mary Amazonas Leite de Barros
Preparação de texto: Célia Regina Rodrigues de Lima
Revisão: Valéria Braga e Ceci Meira
Editoração eletrônica: Pólen Editorial

Dados Internacionais de Catalogação na Publicação (CIP)
(Câmara Brasileira do Livro, SP, Brasil)

Hamlyn
200 receitas de sucos refrescantes / Hamlyn ; [tradução Mary Amazonas Leite de Barros]. – São Paulo : Publifolha, 2015. – (Coleção culinária de todas as cores)

Título original: All colour cookbook : 200 juices & smoothies.
1ª reimpr. da 1ª ed. de 2012
ISBN: 978-85-7914-340-3

1. Receitas 2. Sucos de frutas 3. Sucos de vegetais
4. Vitaminas (Bebidas) I. Título. II. Série.

11-06652 CDD-641.875

Índices para catálogo sistemático:
1. Sucos e vitaminas : Receitas culinárias 641.875

Este livro segue as regras do Acordo Ortográfico da Língua Portuguesa (1990), em vigor desde 1º de janeiro de 2009.

Impresso na China.

PUBLIFOLHA
Divisão de Publicações do Grupo Folha
Al. Barão de Limeira, 401, 6º andar
CEP 01202-900, São Paulo, SP
Tel.: (11) 3224-2186/ 2187/ 2197
www.publifolha.com.br

NOTA DO EDITOR
Apesar de todos os cuidados tomados na elaboração das receitas deste livro, a editora original não se responsabiliza por erros ou omissões decorrentes da preparação dos pratos.
Pessoas com restrições alimentares, grávidas e lactantes devem consultar um médico especialista sobre os ingredientes de cada receita antes de prepará-la.
As fotos podem conter ingredientes meramente ilustrativos.
Observações, exceto se orientado de outra forma:
- Use sempre ingredientes frescos

Equivalência de medidas:
- 1 colher (chá) = 5 ml
- 1 colher (sopa) = 15 ml

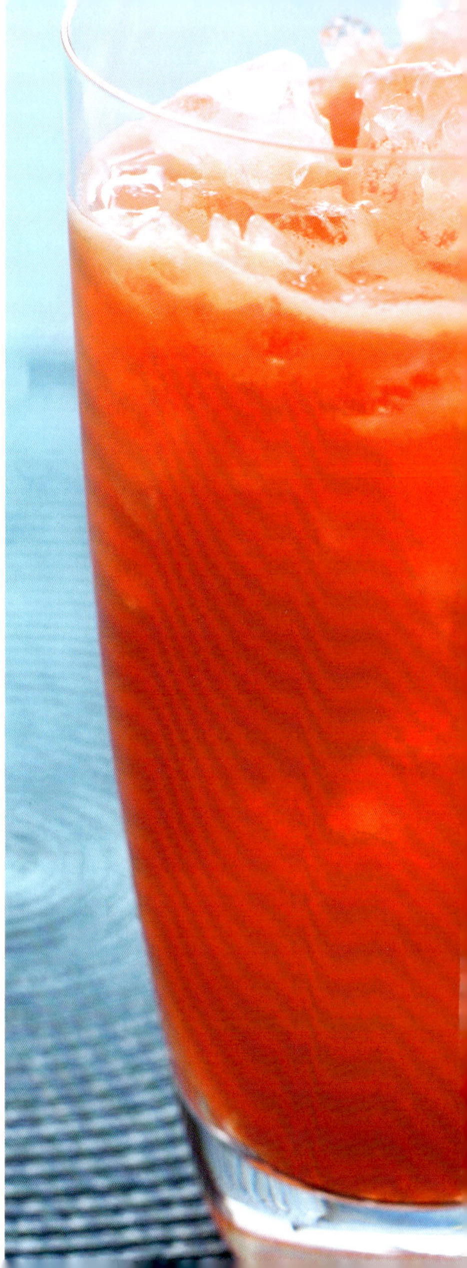

sumário

introdução

a solução é fazer sucos

Atualmente, é impossível ignorar o fato de que precisamos ingerir, no mínimo, cinco porções de frutas e legumes por dia para garantir boa saúde sempre. A vida atarefada contemporânea nos leva com frequência a nos alimentarmos somente como e quando conseguimos, prestando pouca atenção ao conteúdo nutricional do que ingerimos e mais à conveniência e rapidez do preparo da comida.

Todavia, as pesquisas apontam para o fato de que nosso bem-estar, a curto e longo prazo, depende de sermos mais cuidadosos com o que ingerimos, especialmente no que se refere a frutas e legumes. Devemos aprender a encarar o alimento como uma valiosa fonte de saúde que, além de ajudar o corpo a funcionar melhor, nos proporciona uma aparência mais saudável.

cinco boas razões para tomar um suco

- Ajuda o corpo a se restabelecer e nos protege contra doenças.
- Garante facilmente a ingestão diária recomendada de vitaminas e minerais.
- O ácido fólico encontrado nos legumes e nas frutas contribui para tornar os cabelos e as unhas saudáveis.
- Os antioxidantes dos legumes e frutas são essenciais para manter a pele saudável e com boa aparência.
- É uma forma prática e saudável de manter um programa de perda de peso.

benefícios nutricionais

As frutas e os legumes são baratos e acessíveis. Os supermercados e muitos mercadinhos oferecem uma variedade incrível. Fazer um suco requer pouco preparo e quase não suja louça. Ainda assim, muitos ainda optam por um saco de batatas fritas ou um biscoito e um refrigerante – que, além de não ter nenhum valor nutricional, precisam ser ingeridos com mais frequência e em quantidades maiores para gerar saciedade.

É compreensível que seja muito difícil a ideia de comer um saco inteiro de maçãs ou um monte de legumes diariamente. Por isso é que o suco é uma alternativa tão atraente: rápido e fácil de preparar, é delicioso e nutritivo, além de satisfazer o apetite. Combinar vários legumes e frutas para fazer sucos fresquinhos é um dos meios mais fáceis de atingir a cota de cinco porções diárias desses alimentos.

por que suco feito em casa?

Qual é então a diferença entre fazer o próprio suco e comprá-lo pronto? A diferença mais significativa é que os nutrientes de um suco fresco, feito em casa, superam de longe os de um industrializado. Isso porque, no produto comercializado, as frutas não são espremidas na hora e geralmente vêm diluídas em água, de modo que muitos nutrientes se perdem no caminho. A maioria também possui aditivos, inclusive conservantes. Porém, se fizer o suco em casa, você saberá exatamente o que está tomando.

Além de ele ser mais gostoso, os seus nutrientes são rapidamente assimilados pelo organismo. Na verdade, isso causa certa reação no corpo, devido ao processo de desintoxicação, que pode resultar numa leve dor de cabeça. Os sucos caseiros tornam a eliminação de líquido mais frequente. Todavia, após essa fase de adaptação, os sintomas diminuem e a pessoa se sente ótima – o que se reflete na aparência.

como preparar os melhores sucos e smoothies

Quem é iniciante no preparo de sucos e smoothies não deve precipitar-se em adquirir equipamentos caros. Eles podem ser feitos facilmente num processador ou liquidificador. Todavia, se estiver planejando fazê-los regularmente, vale a pena investir numa boa máquina.

qual centrífuga?

Há vários modelos de centrífuga no mercado – a escolha dependerá de quanto se deseja gastar e de quão eficiente deve ser o aparelho. Há duas opções básicas: uma centrífuga trituradora, que força os ingredientes através de uma peneira, extraindo o máximo de suco possível; e outra que usa lâminas giratórias para separar a polpa do suco. Esta produz menos suco, mas é uma opção mais barata para os iniciantes.

mãos à obra

1 Reúna os ingredientes, mas só os prepare no final, para o suco ficar bem fresco.
2 Lave ou escove os ingredientes que serão mantidos inteiros – cenouras ou beterrabas. Só descasque se for absolutamente necessário.
3 Pique e pese tudo de acordo com a indicação da receita.

o que é um smoothie?

Diferentemente do suco, o smoothie, ou vitamina, é feito no processador ou liquidificador. É mais espessa que o suco e tem como ingredientes iogurte, mel, sorvete ou leite, além das frutas.

Ao contrário do que a maioria pensa, a polpa congelada também é nutritiva – e permite aproveitar os sabores da estação durante o ano inteiro. Porém, como o Brasil é rico em frutas frescas, abuse dessa fartura.

sucos e smoothies para crianças

Garantir que os seus filhos consumam no mínimo cinco frutas e legumes por dia pode ser uma batalha, mas o suco e o smoothie são um excelente meio de garantir que eles tenham todos os nutrientes necessários para crescer com saúde. Como as crianças costumam gostar muito dessas bebidas, será mais prático, pois você não precisará obrigá-las a comer brócolis.

escolha os melhores ingredientes

abacate

O abacate é rico em proteínas, sacia o apetite e é nutritivo. Também é rico em vitamina E, que é benéfica à pele e ajuda a manter a circulação saudável. Consuma o abacate assim que amadurecer, pois ele começa a perder importantes antioxidantes com o passar do tempo. Corte-o e retire o caroço no último momento, para que não escureça.

aipo

O aipo é rico em fitonutrientes e é um ótimo desintoxicante. Alguns talos desse vegetal produzem uma boa quantidade de suco, e são muito bem digeríveis como bebida.

amora

Rica em vitamina C e antioxidantes, a amora fortalece o sistema imunológico. As frutas frescas congelam bem e podem ser adicionadas a smoothies durante o ano todo.

banana

A banana fica ótima nos smoothies, pois ajuda a criar uma bebida espessa, suave e saborosa. Misturada com açaí, também é muito nutritiva e apreciada. É rica em carboidratos e constitui um energético ideal, além de ser um lanche rápido.

beterraba

A beterraba é uma ótima fonte de ácido fólico e fibras. Por incrível que pareça, fica deliciosa quando combinada com frutas cítricas, resultando num suco forte e colorido.

cenoura

A cenoura é um ótimo alimento energético, cujo conteúdo fibroso auxilia a digestão; possui também betacaroteno e alfacaroteno, duas substâncias poderosas, e fica deliciosa tanto em sucos de frutas como de legumes.

damasco

Esta frutinha seca pode adoçar naturalmente sucos e smoothies, além de possuir um alto teor de betacaroteno e potássio.

espinafre

Algumas pessoas estranham a ideia de incluir espinafre numa bebida, mas não critique antes de experimentar. Rico em ferro e betacaroteno, o espinafre é ótimo para vegetarianos.

gengibre

Famoso em muitas dietas tradicionais por proporcionar um reforço à imunidade, o gengibre ajuda a combater micróbios devido a seus altos níveis de zinco. Também é considerado um calmante estomacal, sendo especialmente útil para gestantes com enjoo matinal.

groselha

Para quem sofre de infecção urinária, o suco de groselha pode ser a solução. A fruta é rica em vitamina C e potássio, adicionando um sabor agridoce e uma cor vibrante à bebida. Pode ser substituída por outras frutas vermelhas, de valor nutricional semelhante.

iogurte natural

O iogurte é uma fonte valiosa de cálcio e vitamina D, além de conter probióticos, culturas saudáveis à flora intestinal. A adição de iogurte natural ao smoothie é uma boa maneira de reforçar as doses de cálcio na criança que não bebe leite.

laranja e outras frutas cítricas

É uma das melhores fontes de vitamina C e também um dos ingredientes mais populares nos sucos e smoothies. Algumas receitas sugerem que se remova a pele, mas deixe um pouco da medula ligada aos gomos para aumentar o teor de vitamina da bebida.

maçã

Esta fruta não é rica apenas em antioxidantes como tem um sabor naturalmente doce que complementa muito bem os ingredientes amargos e salgados. Use-a descascada ou passe-a na centrífuga inteira, inclusive com as sementes, para obter o máximo benefício nutricional – a quercetina, por exemplo, é encontrada apenas na casca. Quanto mais fresca for a maçã, mais vitamina C conterá.

manga
A manga confere um sabor doce e perfumado às bebidas, além de conter um alto nível de vitamina C, fibra e potássio. É uma fruta ótima para constar de sua lista de compras.

melancia
Produz grandes quantidades de suco, é diurética, desintoxicante e um ótimo antioxidante. É muito apreciada pelas crianças por seu sabor suave e doce.

morango
Saudável e delicioso, o morango é uma boa fonte de vitamina C, cálcio e potássio. Você também pode congelá-lo para poder preparar smoothies e sucos com ele durante o ano todo.

pera
Fica deliciosa em sucos. Combina bem com outras frutas e legumes, além de ser ideal para crianças, pois raramente causa reação alérgica. É rica em vitamina C, potássio e betacaroteno e uma fonte rápida de energia.

pêssego
Por suas qualidades antioxidantes, esta fruta pode ser uma bênção para quem sofre de distúrbios estomacais. É também uma boa fonte de vitamina C.

soja
Rica em proteína e cálcio, a soja é uma boa alternativa aos laticínios para aqueles que sofrem de intolerância à lactose, além de ajudar a baixar os níveis de colesterol. Também é útil para controlar os sintomas da menopausa.

tomate
Acredita-se que o tomate diminua o risco de alguns tipos de câncer, o que é atribuído ao licopeno. É ainda rico em vitamina C e fibras. Sua adição aos sucos salgados reforça o teor nutritivo e colore a bebida. Prefira os orgânicos ou descasque antes de usar, para evitar os agrotóxicos presentes na casca.

sucos de frutas

suco de melancia e morango

Rendimento: **200 ml**

200 g de **morango**, mais um pouco com os cabinhos para acompanhar (opcional)
200 g de **melancia**
folhas de hortelã, mais um pouco para decorar
2-3 **cubos de gelo** ou **água**

Limpe e lave bem os morangos. Retire as sementes da melancia e corte a polpa em cubos.

Coloque as frutas no processador ou liquidificador, adicione a hortelã e bata com 2 cubos de gelo ou água.

Despeje numa jarra, decore com ramos de hortelã e morangos inteiros com os cabinhos ou em fatias, se desejar, e sirva imediatamente.

Variação: suco de melancia e cranberry. Substitua os morangos pela mesma quantidade de cranberries e adicione 200 g de pepino. Isso produz uma quantidade maior de bebida, mais refrescante e com sabor um pouco mais acentuado.

suco de melancia e framboesa

Rendimento: **350 ml**

cerca de 300 g de **melancia**
125 g de **framboesas frescas** ou **congeladas**
2-3 **cubos de gelo** ou **água**

Tire as sementes da melancia e corte a polpa em cubos. Centrifugue com as framboesas.

Despeje num copo, adicione 2 cubos de gelo ou água, mexa e sirva imediatamente.

Variação: suco de melancia e laranja. Bata no liquidificador 2 laranjas no lugar das framboesas.

suco de papaia, framboesa e grapefruit

Rendimento: **200 ml**

150 g de **papaia**
150 g de **grapefruit**
150 g de **framboesas frescas** ou **congeladas**
suco de ½ **limão**, mais algumas rodelas para acompanhar (opcional)
2-3 **cubos de gelo** ou **água** (opcional)

Retire com uma colher a polpa da papaia. Separe os gomos do grapefruit, deixando a pele, e centrifugue com a papaia, as framboesas e o suco de limão.

Despeje num copo, adicione os cubos de gelo ou água, se for usar, mexa e decore com rodelas de limão.

Variação: suco de papaia, pepino e laranja. Substitua o grapefruit e as framboesas pelo suco de 2 laranjas e 125 g de pepino.

suco de abacaxi, uva e aipo

Rendimento: **200 ml**

125 g de **abacaxi**
125 g de **uvas thompson** (sem sementes)
50 g de **aipo**
50 g de **alface,** mais um pouco para acompanhar (opcional)
2-3 **cubos de gelo** ou **água** (opcional)

Descasque o abacaxi, retire o miolo e pique grosseiramente a polpa. Centrifugue com as uvas, o aipo e a alface.

Despeje o suco num copo com gelo ou água, se for usar, mexa, decore com pedaços de alface e sirva imediatamente.

Variação: suco de abacaxi e pera. Dobre a quantidade de abacaxi e substitua as uvas, o aipo e a alface por 2 peras e metade de 1 limão. Este suco é rico em vitaminas, além de ser delicioso.

suco de aipo, gengibre e abacaxi

Rendimento: **200 ml**

125 g de **aipo**
125 g de **abacaxi**
2,5 cm de **gengibre fresco**
gelo moído ou **água**

Limpe o aipo e corte-o em pedaços de 5 cm. Descasque o abacaxi, retire o miolo e corte em cubos. Raspe e pique grosseiramente o gengibre. Centrifugue o aipo com o abacaxi e o gengibre.

Coloque o suco no processador ou liquidificador e bata com um pouco de gelo moído ou água. Despeje num copo e sirva imediatamente.

Variação: suco de abacaxi e grapefruit. Exclua o aipo e o gengibre, dobre a quantidade de abacaxi e centrifugue com a polpa e a pele de 1 grapefruit. Complete com água mineral.

suco de abacaxi e broto de alfafa

Rendimento: **250 ml**

150 g de **abacaxi**
150 g de **brotos de alfafa,**
  mais um pouco para decorar
50 ml de **água**
2-3 **cubos de gelo** (opcional)

Descasque o abacaxi, tire o miolo, pique a polpa em cubos e centrifugue.

Coloque o suco no processador ou liquidificador, adicione os brotos de alfafa, o gelo, se for usar, e a água e bata ligeiramente.

Despeje o suco num copo, espalhe por cima os brotos de alfafa e sirva imediatamente.

Variação: suco de abacaxi e alface. Bata o abacaxi no liquidificador com o dobro da quantidade de alface. Se preferir uma bebida espessa e bem gelada, bata o suco resultante com alguns cubos de gelo.

suco de amora, melão-cantalupo e kiwi

Rendimento: **250 ml**

100 g de **melão-cantalupo**
2 **kiwis**
100 g de **amoras** frescas ou congeladas, mais um pouco para decorar (opcional)
2-3 **cubos de gelo** ou **água**

Descasque o melão e corte a polpa em cubos. Corte os kiwis em fatias semelhantes, com a casca. Centrifugue o melão e o kiwi com as amoras.

Coloque o suco no processador ou liquidificador e bata com 2 cubos de gelo ou água. Despeje num copo e, se desejar, decore com algumas amoras.

Variação: suco de melão e cereja. Descasque e pique grosseiramente 300 g de melão. Bata no liquidificador com 125 g de cerejas sem caroços.

suco de amora-preta, maçã e erva-doce

Rendimento: **200 ml**

100 g de **erva-doce**
50 g de **maçã**
100 g de **amoras-pretas** ou **comuns** frescas ou congeladas, mais um pouco para decorar
2-3 **cubos de gelo** ou **água**

Limpe a erva-doce e corte em cubinhos. Pique grosseiramente a maçã e centrifugue com a erva-doce.

Coloque o suco no processador ou liquidificador, junte as amoras e 2 cubos de gelo ou água e bata ligeiramente.

Despeje o suco num copo, decore com algumas amoras e sirva imediatamente.

Variação: suco de amora e abacaxi. Centrifugue 150 g de amoras e 150 g de abacaxi com 25 g de maçã. Coloque num copo alto com gelo ou água, mexa e sirva.

suco de mirtilo, maçã e gengibre

Rendimento: **200 ml**

2,5 cm de **gengibre** picado grosseiramente, mais um pouco para servir (opcional)
250 g de **mirtilos** frescos ou congelados
125 g de **grapefruit**
250 g de **maçã**
cubos de gelo ou **água** (opcional)

Raspe e pique grosseiramente o gengibre. Centrifugue os mirtilos, o grapefruit e a maçã com o gengibre.

Despeje o suco num copo com gelo ou água, se for usar, mexa, decore com fatias finas de gengibre, se quiser, e sirva imediatamente.

Variação: suco de maçã e gengibre. Centrifugue 250 g de maçã com 2,5 cm de gengibre. Se quiser, complete com água gelada, mexa e sirva.

suco de morango de verão

Rendimento: **200 ml**

100 g de **morangos**
200 g de **tomate**
folhas de **manjericão**
cubos de gelo ou **água**

Limpe os morangos. Bata no liquidificador com os tomates e algumas folhas de manjericão, reservando 1 folha para decorar.

Despeje o suco num copo com gelo ou água, mexa, decore com a folha reservada de manjericão e sirva imediatamente.

Variação: suco de morango e kiwi. Lave e limpe os morangos e bata no liquidificador com 2 kiwis descascados.

suco de maçã, morango e mirtilo

Rendimento: **300 ml**

3 **maçãs**
150 ml de **suco de morango** sem açúcar
125 g de **mirtilos** frescos ou congelados
1 cápsula de **Psyllium** (opcional)
cubos de gelo ou **água** (opcional)

Bata as maçãs no liquidificador. Junte o suco de morango, os mirtilos, o pó da cápsula de Psyllium, se for usá-la, e bata de novo.

Despeje o suco num copo com gelo ou água, se for usar, mexa e sirva imediatamente.

Variação: suco de morango, maçã e alface. Centrifugue metade de 1 maçã e 125 g de alface com 50 g de morangos. Sirva com gelo, se desejar.

suco de pera e morango

Rendimento: **200 ml**

1 **pera** graúda
100 ml de **suco de morango**
cubos de gelo ou **água**

Centrifugue a pera. Misture com o suco de morango.

Despeje num copo com gelo ou água, mexa e sirva imediatamente.

Variação: suco de morango e pepino. Centrifugue a mesma quantidade de suco de morango e adicione o suco de 1 laranja e 50 g de pepino.

suco de laranja e framboesa

Rendimento: **500 ml**

2 **laranjas** graúdas
175 g de **framboesas** frescas
ou congeladas
250 ml de **água**
cubos de gelo (opcional)

Descasque as laranjas e separe os gomos. Centrifugue com as framboesas e adicione a água.

Despeje o suco em dois copos altos com gelo, se for usá-lo, e sirva imediatamente.

Variação: suco de laranja e damasco. Bata no liquidificador 300 g de damascos com 1 laranja graúda. Complete com água a gosto, misture e sirva.

suco de maçã, manga e maracujá

Rendimento: **300 ml**

1 **manga**
2 **maracujás**
3 **maçãs**, de preferência vermelhas, mais um pouco para acompanhar (opcional)
cubos de gelo ou **água**

Descasque a manga e separe a polpa. Corte ao meio os maracujás e retire a polpa com uma colher. Bata no liquidificador as maçãs com a manga e os maracujás.

Despeje o suco num copo alto com gelo ou água, mexa, decore com fatias de maçã, se quiser, e sirva imediatamente.

Variação: suco de manga e abacaxi. Centrifugue 1 manga com 125 g de abacaxi e 3 maçãs. Complete com água gelada, se preferir.

suco de maçã, damasco e pêssego

Rendimento: **200 ml**

3 **damascos**
1 **pêssego**, mais um pouco para acompanhar (opcional)
2 **maçãs**
cubos de gelo ou **água**

Corte ao meio os damascos e o pêssego. Centrifugue as maçãs com os damascos e o pêssego.

Coloque o suco no liquidificador ou processador, adicione alguns cubos de gelo ou água, mexa e sirva imediatamente.

Variação: suco de maçã e maracujá. Substitua o pêssego por 2 maracujás. Centrifugue os damascos, as maçãs e os maracujás e sirva com gelo, se desejar.

suco de pera, kiwi e limão-taiti

Rendimento: **300 ml**

3 **kiwis**, mais um pouco para acompanhar (opcional)
2 **peras** maduras
½ **limão-taiti**
2-3 **cubos de gelo** ou **água** (opcional)

Descasque e corte os kiwis. Corte as peras e o limão em rodelas semelhantes e centrifugue tudo.

Despeje em copos altos, adicione cubos de gelo ou água, se for usar, mexa, decore com rodelas de kiwi e sirva imediatamente.

Variação: suco de uva e kiwi. Substitua a pera e o limão por 300 g de uvas thompson sem sementes.

suco de pera, aipo e gengibre

Rendimento: **200 ml**

50 g de **aipo**
2,5 cm de **gengibre** fresco
100 g de **pera**
cubos de gelo ou **água**

Limpe o aipo e corte-o em pedaços de 5 cm. Raspe e pique grosseiramente o gengibre. Centrifugue a pera com o aipo e o gengibre.

Despeje o suco num copo com gelo, ou bata no liquidificador ou processador com 2-3 cubos de gelo ou água.

Variação: suco de pera e pêssego. Centrifugue 3 peras com 2 pêssegos para fazer uma bebida espessa e nutritiva.

suco de pera, grapefruit e aipo

Rendimento: **200 ml**

75 g de **grapefruit**
125 g de **alface**
75 g de **aipo**
50 g de **pera**
cubos de gelo ou **água** (opcional)

Descasque o grapefruit e divida-o em gomos. Separe as folhas de alface. Limpe o aipo e corte-o em pedaços de 5 cm. Corte a pera em quartos. Centrifugue o grapefruit com a alface, o aipo e a pera.

Despeje o suco num copo com gelo ou água, se for usar, mexa e sirva imediatamente.

Variação: suco de grapefruit e limão-siciliano.
Descasque o grapefruit, separe em gomos e bata no liquidificador com 5 cm de pepino e metade de 1 limão-siciliano. Complete o copo com água mineral com gás.

suco de uva e ameixa

Rendimento: **300 ml**

cerca de 300 g de **ameixas**,
mais um pouco para
acompanhar (opcional)
150 g de **uvas-rubi**
2-3 **cubos de gelo** moídos
ou **água**

Descaroce as ameixas e corte a polpa em pedaços regulares. Bata no liquidificador com as uvas e um pouco de água para emulsificar.

Despeje o suco num copo alto, adicione o gelo moído ou água, mexa, decore com uvas ou fatias de ameixas, se preferir, e sirva imediatamente.

Variação: suco de ameixa e laranja. Substitua as uvas por 2 laranjas. Se quiser, adicione água mineral com gás.

suco de grapefruit e laranja

Rendimento: **200 ml**

½ **grapefruit**
1 **laranja** graúda
1 **limão-taiti**
cubos de gelo ou **água mineral com gás**

Descasque todas as frutas, deixando um pouco da pele nos gomos. Se desejar, reserve algumas cascas de limão para decorar.

Centrifugue as frutas e, se desejar, sirva com gelo. Ou, se quiser aumentar a bebida, dilua com uma quantidade igual de água mineral com gás. Decore o copo com cascas de limão enroladas.

Variação: suco de laranja e cenoura. Descasque 2 laranjas, separe em gomos e centrifugue com 125 g de cenoura.

suco de damasco e abacaxi

Rendimento: **350 ml**

65 g de **damascos**
350 ml de **suco de abacaxi**
2-3 **cubos de gelo** ou **água**

Pique grosseiramente os damascos e coloque-os numa tigela grande. Despeje por cima o suco de abacaxi, cubra e deixe de molho, de véspera, na geladeira.

Coloque os damascos e o suco no processador ou liquidificador e bata até a bebida ficar espessa e homogênea.

Despeje o suco num copo alto, adicione o gelo ou água, mexa e sirva imediatamente.

Variação: suco de damasco e laranja. Substitua o suco de abacaxi pela mesma quantidade de suco de laranja, ou então centrifugue 2 laranjas com os damascos para obter um sabor realmente fresco.

suco de ameixa seca, pera e espinafre

Rendimento: **200 ml**

25 g de **ameixas secas**
250 g de **pera**, mais um pouco
para acompanhar (opcional)
125 g de **espinafre**
cubos de gelo ou **água** (opcional)

Descaroce as ameixas. Centrifugue as peras e o espinafre com as ameixas. Despeje o suco num copo com gelo ou água, se for usar, mexa, decore com fatias de pera, se quiser, e sirva imediatamente.

Variação: suco de pera e abacate. Pique grosseiramente 375 g de pera e bata no liquidificador com 75 g de polpa de abacate. Se necessário, acrescente água.

suco gaseificado de laranja e maracujá

Rendimento: **200 ml**

100 g de **laranja**
1 **maracujá**
100 ml de **água mineral com gás**
2-3 **cubos de gelo** ou **água**

Descasque as laranjas, separe os gomos e centrifugue. Retire a polpa do maracujá e coe.

Misture os sucos de laranja e de maracujá com a água gaseificada. Despeje num copo com gelo ou água, mexa e sirva imediatamente.

Variação: suco gaseificado de framboesa e morango.
Centrifugue 125 g de framboesas frescas ou congeladas e 75 g de morangos e complete com água mineral com gás. Sirva com gelo, se desejar.

suco de pêssego e gengibre

Rendimento: **200 ml**

250 g de **pêssego**
2,5 cm de **gengibre fresco** picado grosseiramente
cubos de gelo (opcional)
água mineral com gás
folhas de hortelã para acompanhar

Corte os pêssegos ao meio e descaroce-os. Raspe e pique o gengibre. Centrifugue os pêssegos com o gengibre.

Despeje o suco num copo alto (com gelo, se for usar), adicione um pouco de água mineral com gás, 2 folhas de hortelã e sirva imediatamente.

Variação: suco gaseificado de grapefruit. Centrifugue 300 g de grapefruit com 350 g de pepino e ½ limão. Complete com água mineral com gás e misture um pouco de hortelã picada. Se desejar, sirva com gelo.

sucos de legumes

suco de mandioquinha, erva-doce e maçã

Rendimento: **200 ml**

50 g de **erva-doce**
50 g de **maçã**
1 **mandioquinha**
2-3 **cubos de gelo** ou **água**

Limpe a erva-doce e pique em pedaços grandes. Corte a maçã em quartos e pique a mandioquinha. Centrifugue tudo.

Coloque o suco no liquidificador e bata com cubos de gelo ou água para obter um suco cremoso.

Despeje num copo e sirva imediatamente.

Variação: suco de brócolis, cenoura e beterraba. Limpe 250 g de brócolis e centrifugue com 175 g de cenoura e 50 g de beterraba. Se desejar, acrescente gelo e sirva.

suco de brócolis, espinafre e tomate

Rendimento: **200 ml**

150 g de **espinafre**
150 g de **brócolis**
2 **tomates**
1 **talo de aipo** para acompanhar (opcional)

Lave o espinafre e separe os buquês de brócolis. Centrifugue os tomates com os legumes, adicionando o brócolis e o espinafre alternadamente para que as folhas de espinafre não entupam a centrífuga.

Despeje o suco num copo, junte 1 talo de aipo e sirva imediatamente.

Variação: suco de espinafre e cenoura. Lave 250 g de espinafre e centrifugue as folhas com 250 g de cenoura e 25 g de salsinha. Misture 1 colher (chá) de espirulina em pó (ou abra uma cápsula), para aumentar a energia.

suco de brócolis, espinafre e maçã

Rendimento: **200 ml**

150 g de **brócolis**
150 g de **espinafre**
2 **maçãs**
2-3 **cubos de gelo** ou **água**

Lave o brócolis e corte-o em buquês. Lave o espinafre. Centrifugue as maçãs com o espinafre e o brócolis, alternando as folhas de espinafre com os outros ingredientes para não entupir a máquina.

Coloque o suco no liquidificador, adicione 2 cubos de gelo ou água e bata rapidamente.

Despeje num copo e sirva imediatamente.

Variação: suco de espinafre, maçã e pimentão.
Aumente a quantidade de maçã para 250 g e, em vez de brócolis, use 100 g de pimentão amarelo. Misture uma pitada de canela em pó antes de servir.

suco de brócolis e couve

Rendimento: **200 ml**

100 g de **brócolis**
100 g de **couve**
50 g de **aipo**
25 g de **salsinha**
200 g de **maçã**
cubos de gelo ou **água**

Lave o brócolis, separe em buquês e lave a couve. Lave o aipo e corte em pedaços de 5 cm. Centrifugue a salsinha e a maçã com o brócolis, a couve e o aipo.

Despeje o suco num copo com gelo ou água, mexa e sirva imediatamente.

Variação: suco de brócolis, alface e aipo. Limpe 150 g de brócolis e centrifugue com 100 g de alface e a mesma quantidade de aipo.

suco de aipo, alfafa e laranja

Rendimento: **200 ml**

100 g de **laranja**, mais um pouco
para acompanhar (opcional)
100 g de **aipo**
100 g de **brotos de alfafa**

Descasque as laranjas e separe em gomos. Lave e limpe o aipo e corte em pedaços grandes. Lave os brotos de alfafa. Centrifugue os ingredientes.

Despeje o suco num copo, adicione rodelas de laranja, se quiser, e sirva imediatamente.

Variação: suco de aipo, alfafa e maçã. Limpe 3 talos de aipo e corte em pedaços de 5 cm. Centrifugue com 2 maçãs e 25 g de brotos de alfafa. Este suco fica delicioso com gelo.

suco de tomate, pimentão vermelho e papaia

Rendimento: **200 ml**

cerca de 125 g de **papaia**
cerca de 100 g de **pimentão vermelho**
1 **tomate** graúdo
2-3 **cubos de gelo** ou **água**

Descasque a papaia e tire as sementes. Retire o miolo e as sementes do pimentão. Centrifugue o tomate com a papaia e o pimentão.

Coloque o suco no liquidificador, adicione 2 cubos de gelo ou água e bata.

Despeje o suco num copo e sirva imediatamente.

Variação: suco de pimentão e laranja. Tire o miolo e as sementes de 1 pimentão vermelho, 1 amarelo e 1 verde e centrifugue a polpa com 1 laranja. Salpique hortelã picada e sirva.

suco de tomate, cenoura e gengibre

Rendimento: **150 ml**

2,5 cm de **gengibre fresco**
100 g de **aipo**, mais um pouco
para acompanhar (opcional)
300 g de **tomate**
175 g de **cenoura**
1 **dente de alho**
2,5 cm de **raiz-forte**
2-3 **cubos de gelo** ou **água**

Descasque e pique grosseiramente o gengibre. Limpe o aipo e corte em pedaços de 5 cm. Centrifugue os tomates, as cenouras, o alho e a raiz-forte com o gengibre e o aipo.

Coloque o suco no liquidificador ou processador, adicione 2 cubos de gelo ou água e bata rapidamente.

Despeje num copo pequeno, decorado com lascas de aipo, se quiser, e sirva imediatamente.

Variação: suco de cenoura e grapefruit. Descasque e separe os gomos do grapefruit, deixando um pouco da pele branca, e centrifugue com 2 cenouras e 2 maçãs. Complete com água mineral e sirva.

suco de tomate, pimentão vermelho e repolho

Rendimento: **200 ml**

175 g de **pimentão vermelho**
175 g de **tomate**
100 g de **repolho**
1 colher (sopa) de **salsinha** picada
fatias de limão para decorar (opcional)

Tire o miolo e as sementes dos pimentões. Centrifugue-os com os tomates e o repolho.

Despeje o suco num copo alto, salpique a salsinha, decore com 1 fatia de limão, se desejar, e sirva imediatamente.

Variação: suco de tomate, pimentão vermelho e aipo. Limpe 4 talos de aipo e corte em pedaços de 5 cm. Centrifugue-os com 3 tomates maduros e ½ pimentão vermelho. Junte 1 dente de alho amassado e pimenta picada a gosto.

suco de tomate, limão-siciliano e salsinha

Rendimento: **300 ml**

2 **talos de aipo**, mais algumas folhas para acompanhar (opcional)
4 **tomates**
um punhado generoso de **salsinha**
casca e suco de ½ **limão-siciliano**
cubos de gelo ou **água**

Limpe o aipo e corte em pedaços de 5 cm. Centrifugue-o com os tomates, a salsinha, o suco e a casca de limão.

Despeje o suco num copo alto com gelo ou água, mexa, junte as folhas de aipo e sirva imediatamente.

Variação: suco de tomate e aipo. Substitua o suco, a casca de limão e a salsinha por tabasco, sal de aipo e pimenta-do-reino a gosto.

suco de tomate, maçã e manjericão

Rendimento: **200 ml**

1 **talo de aipo**
4 **tomates** graúdos
1 **maçã**
cubos de gelo ou **água**
4 **folhas de manjericão** bem picadas
1 ½ colher (sopa) de **suco de limão**
folhas extras de manjericão para acompanhar (opcional)

Limpe o aipo e corte em pedaços de 5 cm. Centrifugue-o com os tomates e a maçã.

Despeje o suco num copo com gelo ou água, mexa, adicione as folhas de manjericão e o suco de limão. Rasgue algumas folhas de manjericão, junte ao suco e sirva imediatamente.

Variação: suco de tomate, couve-flor e cenoura. Limpe 100 g de couve-flor e centrifugue com 1 tomate graúdo e 200 g de cenoura.

suco de aipo e erva-doce

Rendimento: **250 ml**

100 g de **aipo**
150 g de **erva-doce**
100 g de **alface**
100 g de **espinafre**
2-3 **cubos de gelo** ou **água**

Limpe o aipo e corte em pedaços de 5 cm. Limpe a erva-doce e corte em cubos. Separe as folhas de alface. Centrifugue o aipo, a erva-doce, a alface e o espinafre, alternando os ingredientes para que as folhas da alface e do espinafre não entupam a máquina.

Coloque o suco no processador ou liquidificador, junte 2 cubos de gelo ou água e bata rapidamente.

Despeje o suco em copos altos e sirva imediatamente.

Variação: suco de cenoura, aipo e erva-doce. Limpe 125 g de erva-doce, limpe e corte 4 talos de aipo em pedaços de 5 cm. Centrifugue a erva-doce e o aipo com 1 cenoura.

suco de cenoura, beterraba e batata-doce

Rendimento: **200 ml**

175 g de **batata-doce** ou **inhame**
100 g de **beterraba**
175 g de **cenoura**
125 g de **erva-doce**
cubos de gelo ou **água**
folhas de erva-doce para decorar (opcional)

Descasque a batata-doce ou o inhame e lave a beterraba com escova. Centrifugue a cenoura e a erva-doce com a batata-doce e a beterraba.

Despeje o suco num copo com gelo ou água, mexa, decore com folhas de erva-doce e sirva imediatamente.

Variação: suco de cenoura, beterraba e laranja.
Substitua a batata-doce e a erva-doce por 125 g de morangos e 1 laranja. Este suco colorido é um revigorante instantâneo.

suco de cenoura, repolho e maçã

Rendimento: **200 ml**

175 g de **cenoura**
250 g de **maçã**
125 g de **repolho**
rodelas de laranja para decorar
cubos de gelo ou **água**

Pique grosseiramente a cenoura e a maçã e centrifugue-as com o repolho.

Despeje o suco num copo com gelo ou água, mexa, decore com 1 rodela de laranja e sirva imediatamente.

Variação: suco de cenoura, espinafre e grapefruit.
Centrifugue 125 g de cenoura com 125 g de grapefruit. Este suco tem um agradável sabor cítrico.

suco de cenoura, erva-doce e gengibre

Rendimento: **200 ml**

2,5 cm de **gengibre** fresco
75 g de **aipo**
300 g de **cenoura**
50 g de **erva-doce,** mais um pouco para acompanhar (opcional)
1 colher (sopa) de **espirulina em pó** ou uma cápsula (opcional)
cubos de gelo ou **água** (opcional)
folhas de erva-doce para decorar (opcional)

Raspe e pique grosseiramente o gengibre. Limpe o aipo e corte em pedaços de 5 cm. Centrifugue a cenoura, a erva-doce e a espirulina, se for usá-la (para a cápsula, abra-a para retirar o pó), com o gengibre e o aipo.

Despeje o suco num copo com gelo ou água, se for usar, mexa, decore com talos de erva-doce cortados em palitos e folhas de erva-doce e sirva imediatamente.

Variação: suco de cenoura, maçã e gengibre.
Descasque e pique grosseiramente 1 cm de gengibre e centrifugue com 2 cenouras e 1 maçã verde.

suco de cenoura e alface

Rendimento: **200 ml**

100 g de **cenoura**
200 g de **alface**
cubos de gelo ou **água**
folhas de coentro picadas para decorar

Pique a cenoura em pedaços grandes e separe as folhas de alface. Centrifugue a cenoura com a alface, cuidando para que as folhas não entupam a máquina.

Despeje o suco num copo com gelo ou água, mexa, decore com coentro picado e sirva imediatamente.

Variação: suco de cenoura e folhas verdes. Adicione 90 g de aipo, 100 g de espinafre e 25 g de salsinha à cenoura e à alface.

suco de cenoura e kiwi

Rendimento: **250 ml**

cerca de 200 g de **cenoura**
1 **kiwi**, mais um pouco para acompanhar (opcional)
cubos de gelo ou água (opcional)

Corte a cenoura e o kiwi em pedaços iguais e centrifugue.

Despeje o suco num copo com gelo ou água, se for usar, mexa, decore com rodelas de kiwi e sirva imediatamente.

Variação: suco de pepino e kiwi. Substitua as cenouras por 1 ½ pepino, que deve ser centrifugado com o kiwi. Pingue algumas gotas de limão-siciliano e sirva.

suco de cenoura, mandioquinha e batata-doce

Rendimento: **200 ml**

175 g de **aipo**
175 g de **cenoura**
175 g de **mandioquinha**
175 g de **batata-doce**
um punhado de **salsinha**, mais um pouco para acompanhar (opcional)
1 **dente de alho**
2-3 **cubos de gelo** ou **água**
1 fatia de **limão-siciliano**

Limpe o aipo e corte em pedaços de 5 cm. Centrifugue-o com a cenoura, a mandioquinha, a batata-doce, a salsinha e o alho.

Coloque o suco no processador ou liquidificador e bata com 2 cubos de gelo ou água.

Variação: suco de cenoura, mandioquinha e melão. Centrifugue 125 g de cenoura com 125 g de mandioquinha, 125 g de alface e 125 g de melão--cantalupo. É especialmente rico em ácido fólico.

suco de cenoura, rabanete e pepino

Rendimento: **200 ml**

100 g de **batata**
100 g de **rabanete**, mais um pouco para acompanhar (opcional)
100 g de **cenoura**
100 g de **pepino**
2 **cubos de gelo** ou **água**
gelo para acompanhar (opcional)

Centrifugue a batata, o rabanete, a cenoura e o pepino.

Coloque o suco no processador ou liquidificador, junte 2 cubos de gelo ou água e bata rapidamente.

Despeje o suco num copo alto (com gelo, se for usar), decore com rodelas de rabanete, se quiser, e sirva imediatamente.

Variação: suco de cenoura, rabanete e gengibre. Omita a batata e o pepino e junte 2,5 cm de gengibre fresco raspado e picado grosseiramente. Este suco é ótimo para curar resfriado ou sinusite.

suco de cenoura, pimenta e abacaxi

Rendimento: **200 ml**

1 **pimenta** pequena
250 g de **abacaxi**
250 g de **cenoura**
cubos de gelo ou **água**
suco de ½ **limão**
1 colher (sopa) de **folhas de coentro** picadas

Tire as sementes da pimenta. Retire a casca e o miolo do abacaxi. Centrifugue as cenouras com a pimenta e o abacaxi.

Despeje o suco num copo com gelo ou água e mexa. Esprema por cima o limão, salpique o coentro picado e sirva imediatamente.

Variação: suco de tomate, aipo e gengibre. Limpe 100 g de aipo e pique grosseiramente 2,5 cm de gengibre fresco e raiz-forte. Centrifugue o aipo, o gengibre e a raiz-forte com 300 g de tomate, 175 g de cenoura e 1 dente de alho. Se desejar, coloque gelo. Sirva decorado com lascas de aipo.

suco de cenoura, chicória e aipo

Rendimento: **200 ml**

175 g de **cenoura**
125 g de **aipo**
125 g de **chicória**
2-3 **cubos de gelo** ou **água**
rodelas de **limão-siciliano** para acompanhar
salsinha picada para acompanhar (opcional)

Lave as cenouras com escova. Limpe o aipo e corte em 5 pedaços de 5 cm. Centrifugue a chicória com a cenoura e o aipo.

Coloque o suco no processador ou liquidificador, junte 2 cubos de gelo ou água e bata rapidamente.

Despeje o suco num copo, decore com rodelas de limão-siciliano e um pouco de salsinha picada, se quiser, e sirva imediatamente.

Variação: suco de cenoura e couve. Centrifugue 250 g de cenoura com 250 g de couve e, se desejar, sirva com gelo. Este suco rápido alivia distúrbios estomacais.

suco de mandioquinha, pimentão verde e agrião

Rendimento: **200 ml**

175 g de **pimentão verde**
100 g de **agrião**
175 g de **pepino**
175 g de **mandioquinha**
cubos de gelo ou **água**
hortelã picada para decorar

Tire o miolo e as sementes do pimentão. Centrifugue o agrião e o pepino com a mandioquinha e o pimentão.

Despeje o suco num copo alto com gelo ou água, mexa, espalhe por cima a hortelã e sirva imediatamente.

Variação: suco de agrião e pera. Centrifugue 40 g de agrião com 3 peras maduras. Este suco simples é muito nutritivo.

suco de sete legumes

Rendimento: **200 ml**

50 g de **pimentão verde**
50 g de **aipo**
90 g de **cenoura**
25 g de **espinafre**
25 g de **cebola**
90 g de **pepino**
50 g de **tomate**, mais um pouco
para acompanhar (opcional)
sal marinho e **pimenta-do-reino**

Tire o miolo e as sementes do pimentão. Limpe o aipo e corte em pedaços de 5 cm. Centrifugue a cenoura, o espinafre, a cebola, o pepino e o tomate com o pimentão e o aipo, tomando cuidado para as folhas de espinafre não entupirem a máquina.

Despeje o suco num copo e tempere com sal marinho e pimenta-do-reino. Decore com tomates em quartos, se desejar, e sirva imediatamente.

Variação: suco de pimentão amarelo, espinafre e maçã. Tire o miolo e as sementes do pimentão e centrifugue com 125 g de espinafre e 250 g de maçã.

suco de repolho verde, maçã e canela

Rendimento: **200 ml**

200 g de **repolho verde**
50 g de **maçã**
2-3 **cubos de gelo** ou **água**
canela em pó, mais um pouco para decorar

Separe as folhas do repolho e corte a maçã em pedaços. Centrifugue o repolho com a maçã.

Coloque o suco no processador ou liquidificador, junte 2 cubos de gelo ou água, polvilhe com canela e bata rapidamente.

Despeje o suco num copo, decore com canela e sirva imediatamente.

Variação: suco de repolho roxo, uva e laranja.
Centrifugue 125 g de repolho roxo com ½ laranja e um punhado de uvas crimson sem sementes para obter uma bebida colorida e levemente doce.

suco de repolho e pera

Rendimento: **200 ml**

125 g de **repolho**
250 g de **pera**
50 g de **aipo**
25 g de **agrião**
cubos de gelo ou **água** (opcional)
1 **talo de aipo** para acompanhar (opcional)

Pique grosseiramente o repolho e a pera. Limpe o aipo e corte em pedaços de 5 cm. Centrifugue o agrião com os pedaços de pera, de repolho e de aipo.

Despeje o suco num copo alto com gelo ou água, se for usar, mexa e sirva imediatamente, decorado com um talo curto de aipo, se desejar.

Variação: suco de erva-doce, aipo e grapefruit. Centrifugue 100 g de erva-doce e 100 g de aipo com ½ grapefruit. Sirva com gelo, se desejar.

suco de espinafre, aipo e pepino

Rendimento: **200 ml**

50 g de **pimentão verde**
50 g de **aipo**
25 g de **espinafre**
100 g de **pepino**
100 g de **tomate**, mais um pouco para acompanhar (opcional)
sal e **pimenta-do-reino**
cubos de gelo ou **água** (opcional)

Tire o miolo e as sementes do pimentão. Limpe o aipo e corte em pedaços de 5 cm. Centrifugue o espinafre, o pepino e os tomates com o pimentão e o aipo. Tempere o suco com sal e pimenta-do-reino a gosto.

Despeje o suco num copo com gelo ou água, se for usar, mexa, decore com tomates cortados em quartos, se desejar, e sirva imediatamente.

Variação: suco de couve e espirulina. Centrifugue 25 g de couve com 100 g de brotos de trigo. Misture 1 colher (chá) de espirulina em pó (ou retire o pó de uma cápsula) antes de servir. Este suco de gosto característico oferece excelentes benefícios à saúde.

suco de alface, uva e gengibre

Rendimento: **200 ml**

2,5 cm de **gengibre fresco** picado
200 g de **uvas thompson** (sem sementes), mais um pouco para decorar (opcional)
200 g de **alface**
cubos de gelo (opcional)

Descasque e pique grosseiramente o gengibre. Centrifugue as uvas e a alface com o gengibre, alternando os ingredientes para que a alface não entupa a máquina.

Despeje o suco num copo, decore com algumas uvas, se quiser, e sirva imediatamente. Para obter uma bebida mais cremosa, coloque o suco no processador ou liquidificador, junte 2 cubos de gelo e bata rapidamente.

Variação: suco de alface e maçã. Centrifugue 175 g de alface-romana com 1 maçã graúda, cuidando para que a alface não bloqueie a máquina.

suco de erva-doce e camomila

Rendimento: **200 ml**

1 **limão-siciliano**, mais um pouco para acompanhar (opcional)
150 g de **erva-doce**
100 ml de **chá de camomila** gelado
cubos de gelo ou **água**

Descasque o limão e centrifugue-o com a erva-doce. Adicione o chá de camomila e bata novamente.

Despeje o suco num copo com gelo ou água e sirva com rodelas de limão, se desejar.

Variação: suco de erva-doce e alface. Centrifugue 125 g de erva-doce e 175 g de alface com ½ limão-siciliano. Sirva com gelo, se desejar, e 1 rodela de limão.

suco de alface e kiwi

Rendimento: **200 ml**

100 g de **kiwi**, mais um pouco
para acompanhar (opcional)
200 g de **alface**
cubos de gelo ou **água**
(opcional)

Descasque os kiwis e pique-os grosseiramente. Separe as folhas da alface. Centrifugue os kiwis com a alface, alternando os ingredientes para não entupir a máquina.

Despeje o suco num copo com gelo ou água, se for usar, misture, decore com rodelas de kiwi, se desejar, e sirva imediatamente.

Variação: suco de alface e camomila. Centrifugue ½ limão-siciliano com 200 g de alface. Misture o suco com 100 ml de chá de camomila gelado e sirva com 2 cubos de gelo, se desejar, e 1 rodela de limão.

suco de cebola roxa e beterraba

Rendimento: **200 ml**

125 g de **agrião**
125 g de **cebola roxa**
1 **dente de alho**
250 g de **cenoura**
125 g de **beterraba**, mais algumas folhas para acompanhar (opcional)

Centrifugue o agrião, a cebola e o alho com a cenoura e a beterraba.

Despeje o suco num copo, decore com folhas de beterraba, se desejar, e sirva imediatamente.

Variação: suco de cenoura e beterraba. Descasque e pique grosseiramente 2,5 cm de gengibre e centrifugue com 10 cenouras graúdas e 4 beterrabas graúdas. Sirva com gelo, se desejar.

suco de cará, aipo e inhame

Rendimento: **200 ml**

100 g de **aipo**
100 g de **inhame**
100 g de **cará**
1 raminho de **hortelã**
2-3 **cubos de gelo** ou **água**

Descasque o aipo e corte em palitos. Centrifugue o inhame e o cará com o aipo e a hortelã, alternando as folhas com os outros ingredientes para que elas não entupam a máquina.

Coloque o suco no processador ou liquidificador, junte 2 cubos de gelo ou água e bata rapidamente.

Despeje o suco num copo e sirva imediatamente.

Variação: suco de cará e cenoura. Centrifugue 100 g de cará, 100 g de cenoura, 100 g de alface, 100 g de couve--de-bruxelas e 100 g de vagem com ½ limão-siciliano.

smoothies e vitaminas

smoothie de pepino, limão e hortelã

Rendimento: **300 ml**

250 g de **pepino**, mais um pouco para acompanhar
½ **limão-siciliano**
3-4 **folhas de hortelã** fresca
2-3 **cubos de gelo** ou **água**

Descasque e pique grosseiramente o pepino. Esprema o limão.

Coloque o pepino e o limão no processador ou liquidificador com as folhas de hortelã, gelo ou água e bata rapidamente.

Despeje num copo alto, decore com uma tira de pepino, se quiser, e sirva imediatamente.

Variação: smoothie gaseificado de grapefruit e pepino. Pique 1 pepino e misture-o com 150 ml de suco de grapefruit e cubos de gelo. Bata os ingredientes no liquidificador para obter uma bebida encorpada gelada.

lassi de pepino

Rendimento: **400 ml**

150 g de **pepino**
150 g de **iogurte natural**
100 ml de **água** gelada
1 raminho de **hortelã**
½ colher (chá) de **cominho em pó**
1 colher (chá) de suco de **limão-siciliano**

Descasque e pique grosseiramente o pepino. Bata no processador ou liquidificador, junte o iogurte e a água gelada.

Destaque as folhas da hortelã dos talos, reservando algumas para decorar. Pique grosseiramente as restantes e coloque-as no processador. Junte o cominho e o suco de limão e bata rapidamente.

Despeje num copo alto, decore com folhas de hortelã e sirva imediatamente.

Variação: lassi de manga. Corte a manga em cubos e junte-os no processador ou liquidificador com 150 ml de iogurte natural e a mesma quantidade de água gelada, 1 colher (sopa) de água de flor de laranjeira e ½ colher (chá) de cardamomo em pó. Bata rapidamente e sirva.

smoothie de mirtilo e iogurte

Rendimento: **300 ml**

100 g de **mirtilos** frescos
ou congelados
50 g de **iogurte grego** ou
iogurte natural
100 ml de **leite de soja**
2-3 **cubos de gelo** ou **água**
açúcar ou **adoçante** a gosto

Coloque os mirtilos no processador ou liquidificador, junte o iogurte, o leite de soja, o gelo ou água e bata.

Prove e, se necessário, adicione açúcar ou adoçante. Bata novamente.

Despeje num copo grande e sirva imediatamente.

Variação: frapê de framboesa. Bata no processador ou liquidificador 150 ml de leite de soja com 100 g de framboesas frescas ou congeladas, até ficar homogêneo.

smoothie de mirtilo e maçã

Rendimento: **200 ml**

250 g de **maçã**
100 g de **mirtilos** frescos
ou congelados
100 g de **iogurte natural**
1 colher (sopa) de **mel**
cubos de gelo ou **água** (opcional)

Centrifugue as maçãs.

Coloque o suco no processador ou liquidificador, junte os mirtilos, o iogurte, o mel e bata rapidamente.

Despeje num copo com gelo ou água, se for usar, misture e sirva imediatamente.

Variação: smoothie de amora. Bata 125 g de amoras-pretas com 300 ml de suco de uva-rubi e 3 colheres (sopa) de iogurte natural.

frapê de tangerina e lichia

Rendimento: **150 ml**

100 g de **tangerina**
50 g de **lichias**
cubos de gelo ou **água**

Coloque as tangerinas e as lichias no processador ou liquidificador, junte os cubos de gelo ou a água e bata rapidamente.

Despeje o frapê num copo e sirva imediatamente.

Variação: vitamina rubi. Coloque o suco de 2 laranjas e 1 maçã no processador ou liquidificador com 150 g de amoras e 150 g de morangos. Junte 150 ml de iogurte natural e bata rapidamente.

supervitamina de laranja

Rendimento: **200 ml**

1 **cenoura** graúda
1 **laranja**
100 g de **banana**
1 **damasco**
2-3 **cubos de gelo**

Centrifugue a cenoura e a laranja juntas.

Coloque o suco no processador ou liquidificador, adicione a banana, o damasco e 2 cubos de gelo e bata rapidamente.

Despeje a vitamina num copo e sirva em seguida.

Variação: vitamina de laranja e banana. Bata juntos 1 banana, 150 ml de suco fresco de laranja e 25 g de sementes de girassol no processador ou liquidificador. Ótima no café da manhã ou no almoço.

smoothie de laranja, manga e morango

Rendimento: **400 ml**

125 g de **morangos**
1 **manga** pequena madura
300 ml de **suco de laranja**
rodelas de laranja para decorar (opcional)

Limpe os morangos e reserve.

Descasque e descaroce a manga, pique grosseiramente a polpa e bata no processador ou liquidificador com os morangos e o suco de laranja até engrossar.

Despeje em copos altos, decore com rodelas de laranja, se quiser, e sirva imediatamente.

Variação: smoothie de laranja, morango e banana. Misture 1 banana madura com os morangos e o suco de laranja. Sirva decorado com rodelas de laranja, se desejar.

smoothie de banana e pasta de amendoim

Rendimento: **400 ml**

1 **banana** madura
300 ml de **leite semidesnatado**
1 colher (sopa) de **pasta de amendoim** ou 2 colheres (chá) de **tahine**

Descasque e fatie a banana.

Coloque a banana, o leite e a pasta de amendoim ou o tahine no processador ou liquidificador e bata até dissolver bem.

Despeje num copo alto e sirva imediatamente.

Variação: smoothie de banana e amêndoa. Coloque 2 bananas em rodelas, 450 ml de leite de soja, 40 g de amêndoas moídas e uma pitada de canela no processador ou liquidificador e bata rapidamente.

smoothie de banana, laranja e manga

Rendimento: **500 ml**

1 **banana** madura
1 **manga** madura
200 ml de **suco de laranja**
200 ml de **leite semidesnatado**
3 colheres (sopa) de **ricota**
cubos de gelo (opcional)

Descasque e fatie a banana. Descasque e descaroce a manga e corte em pedaços homogêneos.

Coloque a banana e a manga no processador ou liquidificador, junte o suco de laranja, o leite e a ricota e bata até dissolver tudo.

Despeje em dois copos com gelo, se desejar, e sirva imediatamente.

Variação: smoothie de banana e abacate. Bata no liquidificador 1 banana pequena madura, 1 abacate pequeno maduro e 250 ml de leite desnatado.

smoothie de banana e figo

Rendimento: **200 ml**

2,5 cm de **gengibre fresco**
100 g de **figo**, mais um pouco para acompanhar (opcional)
1 **laranja**
250 g de **cenoura**
100 g de **banana**
cubos de gelo

Descasque e pique grosseiramente o gengibre. Centrifugue o figo e a laranja com a cenoura e o gengibre.

Coloque o suco no processador ou liquidificador, junte a banana e alguns cubos de gelo e bata até dissolver bem.

Despeje a bebida num copo, adicione mais cubos de gelo, decore com fatias de figo, se desejar, e sirva imediatamente.

Variação: smoothie de banana e papaia. Coloque a polpa de 1 papaia no processador ou liquidificador com a banana, o suco de 1 laranja, 300 ml de suco de maçã e um pouco de gelo. Bata até dissolver bem.

vitamina de ameixa, maçã e canela

Rendimento: **400 ml**

65 g de **ameixas** maduras
uma pitada de **canela em pó**, mais um pouco para decorar
350 ml de **suco de maçã**
3 colheres (sopa) de **iogurte grego** ou **iogurte natural**
cubos de gelo

Pique grosseiramente as ameixas. Coloque-as com a canela numa tigela grande, despeje por cima o suco de maçã, cubra e deixe descansar de véspera.

Coloque as ameixas, o suco de maçã e o iogurte no processador ou liquidificador e bata até dissolver bem.

Despeje num copo grande com cubos de gelo, polvilhe a canela e sirva imediatamente.

Variação: smoothie de maçã e abacate. Bata no processador a polpa de 1 abacate maduro com 100 ml de suco de maçã.

smoothie de maçã, banana e germe de trigo

Rendimento: **1 litro**

2 colheres (sopa) de **germe de trigo**
1 colher (sopa) de **sementes de gergelim**
2 **bananas**
75 g de **abacaxi**
450 ml de **suco de maçã**
300 ml de **iogurte natural**

Espalhe o germe de trigo e as sementes de gergelim numa assadeira e torre lentamente no forno preaquecido, mexendo algumas vezes, até que as sementes de gergelim comecem a ficar douradas. Tire do forno e deixe esfriar.

Descasque e fatie as bananas. Descasque e tire o miolo do abacaxi e pique a polpa. Coloque a banana e o abacaxi no processador ou liquidificador e bata até obter um purê.

Adicione o suco de maçã e misture até obter uma bebida homogênea. Junte o iogurte, o germe de trigo e as sementes de gergelim frias. Bata de novo.

Despeje numa jarra e sirva imediatamente em copos.

Variação: smoothie de maçã e aveia. Bata no processador ou liquidificador 1 maçã e 1 banana com 150 g de iogurte natural, 200 ml de leite desnatado, algumas gotas de essência de baunilha, 2 colheres (chá) de mel e 2 colheres (sopa) de müsli.

smoothie de frutas vermelhas

Rendimento: **400 ml**

150 g de **frutas vermelhas** sortidas frescas ou congeladas, mais um pouco para acompanhar (opcional)
300 ml de **leite de soja sabor baunilha**
1 colher (chá) de **mel** (opcional)

Coloque as frutinhas, o leite de soja e o mel, se for usá-lo, no processador ou liquidificador e bata até engrossar.

Despeje em dois copos baixos; se desejar, decore com frutinhas e sirva imediatamente.

Variação: vitamina de mirtilo e uva. Bata junto 125 g de mirtilos, 250 g de uvas-rubi e 3 colheres (sopa) de queijo branco.

smoothie de mirtilo e hortelã

Rendimento: **250 ml**

100 g de **mirtilos** frescos
ou congelados
150 ml de **leite de soja**
1 raminho de **hortelã**

Coloque os mirtilos no processador ou liquidificador e junte o leite de soja. Tire as folhas de hortelã dos talos, reservando 1 ou 2 galhinhos para a decoração, e adicione o restante ao liquidificador. Bata rapidamente.

Despeje num copo, decore com os raminhos de hortelã reservados e sirva imediatamente.

Variação: smoothie de mirtilo e maçã. Bata 250 g de maçã com 125 g de mirtilos no processador ou liquidificador até dissolver bem.

smoothie de beterraba e frutas vermelhas

Rendimento: **250 ml**

50 g de **beterraba**
100 g de **mirtilos** frescos ou congelados, mais um pouco para acompanhar (opcional)
100 g de **framboesas** frescas ou congeladas
2-3 **cubos de gelo** ou **água**

Centrifugue a beterraba.

Coloque o suco de beterraba no processador ou liquidificador, junte os mirtilos, as framboesas e os cubos de gelo ou água e bata até dissolver.

Despeje a mistura num copo, decore com mirtilos, se desejar, e sirva imediatamente.

Variação: smoothie de mirtilo e grapefruit. Centrifugue 125 g de grapefruit com 250 g de maçã. Coloque o suco no processador ou liquidificador com 125 g de mirtilos e 2,5 cm de gengibre e bata até ficar homogêneo.

vitamina de groselha, kiwi e grapefruit

Rendimento: **200 ml**

150 g de **grapefruit**
175 g de **abacaxi**
50 g de **kiwi**
50 g de **groselhas** congeladas ou **outra fruta vermelha**, mais um pouco para acompanhar (opcional)

Descasque o grapefruit e separe os gomos. Descasque o abacaxi e tire o miolo. Centrifugue os kiwis com o grapefruit e o abacaxi.

Coloque o suco no processador ou liquidificador, junte as groselhas e bata até dissolver.

Despeje a mistura num copo, decore com groselhas, se quiser, e sirva com canudinho.

Variação: smoothie de morango e abacaxi. Bata no liquidificador 150 g de morangos com 150 ml de suco de abacaxi e 150 g de iogurte natural.

lassi de morango

Rendimento: **1,5 litro**

400 g de **morangos**
750 ml de **água** gelada
300 ml de **iogurte desnatado**
25 g de **açúcar**
algumas gotas de **água de flor de laranjeira**
pimenta-do-reino moída grosseiramente para acompanhar

Limpe e pique grosseiramente os morangos. Coloque-os no processador ou liquidificador com metade da água gelada e bata até dissolver.

Junte o iogurte, o açúcar, a água de flor de laranjeira e o restante da água e bata novamente, até dissolver bem e formar espuma.

Despeje a vitamina em copos, salpique com a pimenta-do-reino e sirva imediatamente.

Variação: lassi de banana. Bata 2 bananas pequenas maduras com 300 ml de iogurte natural, 125 ml de água gelada e sementes de 1 baga de cardamomo no processador ou liquidificador.

smoothie de manga, abacaxi e limão

Rendimento: **400 ml**

1 **manga** madura gelada
300 ml de **suco de abacaxi**
casca e suco de ½ **limão**
rodelas de limão para acompanhar (opcional)

Descasque e descaroce a manga e pique a polpa grosseiramente.

Coloque a manga gelada no processador ou liquidificador, junte o suco de abacaxi, a casca e o suco de limão e bata até engrossar.

Despeje em dois copos baixos, decore com rodelas de limão, se desejar, e sirva imediatamente.

Variação: vitamina de damasco e abacaxi. Na véspera, deixe de molho 65 g de damascos em 350 ml de suco de abacaxi. Bata a mistura no processador ou liquidificador com um pouco de gelo até dissolver.

refresco de manga e hortelã

Rendimento: **1,5 litro**

3 **mangas** maduras
4 colheres (sopa) de **suco de limão**
1 colher (sopa) de **açúcar**
12 **folhas de hortelã** bem picadas
900 ml de **água** gelada
cubos de gelo

Descasque e descaroce as mangas e pique grosseiramente a polpa. Coloque no processador ou liquidificador com o suco de limão, o açúcar, as folhas de hortelã e a água e bata até dissolver.

Despeje o refresco em copos altos com gelo e sirva imediatamente.

Variação: smoothie de manga e amora. Bata no liquidificador a polpa de 3 mangas com 100 ml de suco de maçã e 200 g de amoras.

lassi de manga, coco e limão

Rendimento: **600 ml**

1 **manga** graúda madura
suco de 1 **laranja**
suco de 1 **limão**
1 colher (sopa) de **mel**
300 g de **iogurte natural**
4 colheres (sopa) de **leite de coco**
rodelas de laranja para decorar (opcional)
cubos de gelo (opcional)

Descasque e descaroce a manga e corte a polpa em cubos. Coloque no processador ou liquidificador com os sucos de laranja e de limão, o mel, o iogurte e o leite de coco. Bata bem até dissolver.

Ponha a mistura numa jarra e despeje em copos altos com gelo, se for usar, decore com rodelas de laranja, se quiser, e sirva imediatamente.

Variação: vitamina de abacaxi e coco. Bata 100 g de polpa de abacaxi com 100 ml de leite de coco e 100 ml de leite de soja. Salpique coco torrado e sirva.

smoothie de frutas tropicais

Rendimento: **600 ml**

1 **banana** graúda
1 **manga** madura graúda
150 g de **iogurte natural**
300 ml de **suco de abacaxi**
pedaços grossos de **abacaxi** para acompanhar (opcional)

Descasque e fatie a banana. Coloque num recipiente e reserve.

Descasque e descaroce a manga e pique a polpa grosseiramente. Coloque no processador ou liquidificador com a banana, o iogurte e o suco de abacaxi e bata até dissolver bem.

Despeje a mistura em copos altos, decore com pedaços de abacaxi, se quiser, e sirva imediatamente.

Variação: vitamina de kiwi, melancia e maracujá. Bata 300 g de melancia com 2 kiwis e adicione 200 ml de suco de maracujá. Acrescente gelo, se quiser, e sirva.

smoothie de pêssego e tofu

Rendimento: **300 ml**

100 g de **pêssego**
100 g de **tofu**
50 g de **sorvete de baunilha**
100 ml de **água**
gotas de **essência de amêndoas**
cubos de gelo (opcional)

Corte o pêssego ao meio, descasque, descaroce e pique grosseiramente a polpa.

Coloque no processador ou liquidificador com o tofu e o sorvete. Despeje a água, junte um pouco de essência de amêndoas e bata até dissolver bem.

Despeje a mistura em dois copos com gelo, se desejar, e sirva imediatamente.

Variação: vitamina de nectarina. Misture 100 g de nectarina com 100 g de iogurte natural e 2 gotas de essência de baunilha. Adoce com mel a gosto.

smoothie de pêssego e cupuaçu

Rendimento: **200 ml**

200 g de **pêssego em calda**
75 ml de **iogurte de pêssego** ou de **damasco**, mais um pouco para acompanhar
1 polpa de **cupuaçu**
1 colher (chá) de **mel** (opcional)
cubos de gelo (opcional)

Coe os pêssegos e descarte a calda.

Coloque os pêssegos no processador ou liquidificador com o iogurte, o cupuaçu e o mel, se for usá-lo, e bata até dissolver. Nos estados do Centro-Sul, a polpa é congelada, por isso a vitamina dispensa gelo. Se usar a fruta fresca, coloque 2-3 cubos de gelo, caso deseje.

Despeje num copo com gelo, se quiser, decore com o iogurte restante, fazendo uma espiral, e sirva imediatamente.

Variação: smoothie de pêssego, pera e framboesa. Bata no liquidificador 1 pêssego, 1 pera e 125 g de framboesas frescas ou congeladas. Adicione 150 ml de suco de pêssego para fazer uma bebida reforçada.

milk-shake marmorizado de pêssego

Rendimento: **900 ml**

300 g de **framboesas**
4 colheres (chá) de **mel**
2 **pêssegos** graúdos suculentos
1 colher (chá) de **pasta de fava de baunilha** ou **gotas de essência de baunilha**
125 ml de **creme de leite light**
150 ml de **suco de laranja**

Coloque as framboesas no processador ou liquidificador e bata até obter um purê macio. Passe numa peneira não metálica, para retirar as sementes, e adicione metade do mel. Prove e acrescente mais mel, se necessário.

Corte ao meio os pêssegos, retire os caroços e pique grosseiramente a polpa. Passe-a no processador com a pasta ou a essência de baunilha e o creme de leite, até obter um purê. Bata no liquidificador o suco de laranja com o mel restante.

Com uma colher, faça uma camada de purê de pêssego até 15 mm de altura em dois copos grandes. Junte uma camada de purê de framboesa e repita a disposição de camadas. Marmorize levemente as cores com uma faca e sirva.

Variação: vitamina de iogurte com baunilha. Passe no processador 175 ml de iogurte natural com 1 colher (chá) de essência ou pasta de fava de baunilha, 2 colheres (chá) de mel e 300 ml de suco de maçã.

vitamina de banana com leite

Rendimento: **400 ml**

150 g de **banana**
150 g de **creme com baunilha**
100 ml de **leite semidesnatado** gelado
1 colher (chá) de **açúcar de confeiteiro** (opcional)
cubos de gelo (opcional)

Bata no processador a banana, o creme, o leite e o açúcar, se for usá-lo, até dissolver.

Despeje a vitamina num copo grande com gelo, se desejar, e sirva imediatamente.

Variação: shake de chocolate e cereja. Bata 100 g de cerejas sem caroço com 100 ml de leite de soja e 25 g de chocolate meio amargo derretido (ou cacau em pó). Sirva com gelo.

smoothie de frutas secas e maçã

Rendimento: **450 ml**

125 g de **mix de frutas secas**
cerca de 400 ml de **suco de maçã**
200 ml de **iogurte grego** ou
iogurte natural
cubos de gelo (opcional)

Pique grosseiramente o mix de frutas secas e coloque numa tigela grande. Despeje por cima o suco de maçã, cubra a tigela e deixe descansar de véspera.

Coloque as frutas secas e o suco de maçã no processador ou liquidificador, junte o iogurte e bata até dissolver bem, adicionando um pouco mais de suco, se necessário.

Despeje em dois copos, adicione 2 cubos de gelo, se for usar, e sirva imediatamente.

Variação: vitamina de damasco. Bata 200 g de damasco com 150 g de iogurte e 150 ml de leite semidesnatado gelado.

refresco de melancia

Rendimento: **300 ml**

100 g de **melancia**
100 g de **morangos**
100 ml de **água** gelada
um punhado de **folhas de hortelã** ou **de estragão**, mais um pouco para acompanhar (opcional)

Corte a melancia, tire as sementes e pique a polpa em cubos. Limpe os morangos.

Coloque ambas as frutas no processador ou liquidificador, adicione a água e a hortelã ou estragão e bata até dissolver bem.

Despeje a mistura em dois copos, decore com folhas de hortelã ou estragão, se desejar, e sirva imediatamente.

Variação: vitamina de melancia e amêndoa. Bata no processador 100 g de melancia com 100 ml de leite de amêndoas ou um punhado de amêndoas picadas.

smoothie de pimentão vermelho e tomate

Rendimento: **200 ml**

50 g de **pimentão vermelho**
50 g de **pepino**
30 g de **cebolinha**
100 ml de **suco de tomate**
1 colher (chá) de **suco de limão-siciliano**
1 colher (chá) de **molho de pimenta**
1 colher (chá) de **molho inglês**
sal e **pimenta-do-reino**

Tire o miolo e as sementes do pimentão e pique grosseiramente a polpa. Descasque o pepino e pique-o. Corte grosseiramente a cebolinha, reservando alguns talinhos para decorar.

Despeje o suco de tomate no processador ou liquidificador, junte o pimentão, o pepino e a cebolinha e bata rapidamente. Prove e tempere com o suco de limão, o molho de pimenta, o molho inglês, sal e pimenta-do-reino.

Despeje num copo, decore com a cebolinha restante e sirva imediatamente.

Variação: smoothie de abacate. Bata no processador 40 g de cebolinha, metade de 1 pimenta picada, metade de 1 abacate maduro e 100 ml de suco de tomate até dissolver bem. Sirva com gelo e um pouco de coentro picado.

sucos e smoothies para crianças

suco de manga e melão

Rendimento: cerca de **400 ml**

1 **manga** madura
½ **melão**
200 ml de **suco de laranja**
cubos de gelo ou **água**

Descasque e descaroce a manga e pique grosseiramente a polpa. Corte o melão, tire as sementes e pique a polpa em fatias grossas.

Coloque a manga e o melão no processador ou liquidificador, junte o suco de laranja e 2 cubos de gelo ou água e bata até dissolver bem.

Despeje o suco em dois copos e sirva imediatamente.

Variação: suco de uva e melão. Centrifugue 150 g de polpa de melão com 75 g de uvas verdes. Dilua com 150 ml de água.

suco de manga, laranja e mirtilo

Rendimento: **200 ml**

1 **manga**
1 **laranja**
125 g de **mirtilos**
100 ml de **água**
1 colher (chá) de **mel**
cubos de gelo (opcional)

Descasque e descaroce a manga. Descasque a laranja e divida em gomos. Centrifugue os mirtilos com a manga e a laranja.

Despeje o suco num copo e misture a água e o mel. Adicione 2 cubos de gelo, se quiser, e sirva imediatamente.

Variação: suco de kiwi, laranja e morango. Centrifugue 2 laranjas e 1 kiwi com 200 g de morangos.

suco de melão, cenoura e gengibre

Rendimento: **200 ml**

250 g de **melão-cantalupo**
1 limão
1 cm de **gengibre**
125 g de **cenoura**
cubos de gelo para acompanhar (opcional)

Corte o melão, tire as sementes e pique a polpa em cubos. Descasque o limão. Raspe e pique grosseiramente o gengibre. Centrifugue a cenoura com o melão, o limão e o gengibre.

Despeje o suco num copo com gelo, se for usá-lo, e sirva imediatamente.

Variação: suco de cenoura, laranja e maçã. Centrifugue 2 cenouras com 1 laranja e 1 maçã.

suco de pera e abacaxi

Rendimento: **200 ml**

200 g de **abacaxi**
½ **limão**
2 **peras**
cubos de gelo

Descasque o abacaxi, tire o miolo e corte a polpa em pedaços. Centrifugue o limão com o abacaxi e as peras.

Despeje o suco num copo com gelo e sirva imediatamente.

Variação: suco de pera e kiwi. Substitua o limão e o abacaxi por 3 kiwis.

suco de maçã, abacaxi e melão

Rendimento: **200 ml**

½ **melão**
¼ de **abacaxi**
3 **maçãs verdes**
cubos de gelo (opcional)

Corte o melão e tire as sementes. Descasque o abacaxi e tire o miolo. Pique as frutas em pedaços homogêneos e centrifugue.

Despeje o suco num copo com gelo, se for usá-lo, e sirva imediatamente.

Variação: suco de ameixa e maçã. Descaroce 5 ameixas maduras e centrifugue com 3 maçãs vermelhas. Sirva este suco delicioso com gelo, se desejar.

suco de laranja, maçã e pera

Rendimento: **200 ml**

2 **laranjas**
1 **maçã vermelha**
1 **pera**
cubos de gelo (opcional)
1 colher (chá) de **mel** (opcional)

Descasque as laranjas e divida em gomos. Pique a maçã e a pera em pedaços homogêneos. Centrifugue as frutas.

Despeje o suco num copo com gelo, se for usá-lo, misture o mel, se desejar, e sirva imediatamente.

Variação: sorbet de maçã e pera. Pique grosseiramente 2 peras e 2 maçãs e bata no processador ou liquidificador com um pouco de gelo ou água.

picolés de maçã, pêssego e morango

Rendimento: **300 ml**

2 **pêssegos**
300 ml de **água**
1 **maçã vermelha**
125 g de **morangos**

Corte ao meio e descaroce os pêssegos, pique grosseiramente a polpa e centrifugue.

Adicione ⅓ da água e, com uma colher, coloque a mistura em 3-4 fôrmas de picolé. Congele até ficar firme.

Pique grosseiramente a maçã e centrifugue. Junte ⅓ da água e despeje sobre a mistura de pêssego congelada. Congele até ganhar consistência.

Limpe os morangos e centrifugue-os. Acrescente a água restante, despeje sobre a mistura de maçã congelada e congele até solidificar.

Variação: suco de laranja e morango. Limpe 200 g de morangos e centrifugue com 2 laranjas.

suco de morango, groselha e laranja

Rendimento: **225 ml**

100 g de **morangos**
½ **laranja**
75 g de **groselhas** ou **amoras** congeladas, mais um pouco para acompanhar (opcional)
125 ml de **água**
½ colher (chá) de **mel** (opcional)
cubos de gelo

Limpe os morangos. Descasque a laranja e separe os gomos. Junte as groselhas ou amoras e centrifugue. Adicione a água e o mel, se for usá-lo, e misture.

Despeje o suco num copo, junte alguns cubos de gelo e decore com as frutinhas. Para transformar este suco em picolés, disponha-o em fôrmas de picolé depois de misturar o mel e congele.

Variação: suco de kiwi e laranja. Pique grosseiramente 3 kiwis e centrifugue com 2 laranjas graúdas.

suco de melão, amora-preta e kiwi

Rendimento: **200 ml**

100 g de **melão-cantalupo**
2 **kiwis**
100 g de **amoras-pretas** frescas ou congeladas, mais um pouco para acompanhar
100 ml de **suco de maçã**
2-3 **cubos de gelo**

Corte o melão em cubos, mas não tire a casca. Corte os kiwis em fatias. Centrifugue as amoras-pretas com o melão e os kiwis.

Coloque o suco no processador ou liquidificador, junte o suco de maçã e 2 cubos de gelo e bata rapidamente.

Despeje a bebida num copo, decore com algumas amoras e sirva imediatamente.

Variação: suco de kiwi, melão e uva. Pique grosseiramente 2 kiwis e centrifugue com 375 g de polpa de melão e 125 g de uvas thompson (sem sementes). Para variar, congele o suco em fôrmas de picolé.

suco de kiwi, melancia e maracujá

Rendimento: **300 ml**

cerca de 300 g de **melancia**
2 **kiwis**
200 ml de **suco de maracujá**

Corte a melancia, tire as sementes e pique a polpa em cubos.

Descasque os kiwis e pique grosseiramente. Ponha no processador ou no liquidificador com a melancia e o suco de maracujá e bata até engrossar.

Despeje o suco num copo grande e sirva imediatamente.

Variação: suco de kiwi, melancia e abacaxi. Pique grosseiramente 2 kiwis e centrifugue com 300 g de melancia e 200 ml de suco de abacaxi.

suco de morango, cenoura e beterraba

Rendimento: **300 ml**

250 g de **cenoura**
125 g de **beterraba**
1 **laranja**
125 g de **morangos**, mais um pouco para acompanhar (opcional)
cubos de gelo

Centrifugue a cenoura, a beterraba e a laranja.

Limpe os morangos. Coloque o suco de cenoura, beterraba e laranja no processador ou liquidificador, adicione os morangos e alguns cubos de gelo e bata até dissolver.

Despeje o suco em copos grandes, decore com 1 morango, se desejar, e sirva imediatamente.

Variação: suco de morango, melão e pepino. Limpe 100 g de morangos e centrifugue com 75 g de melão e a mesma quantidade de pepino.

suco de tomate, laranja e aipo

Rendimento: **400 ml**

2 **laranjas**
2 **talos de aipo**, mais algumas folhas para acompanhar
4 **tomates**
2 **cenouras**
cubos de gelo

Descasque as laranjas. Limpe o aipo e corte em pedaços de 5 cm. Centrifugue os tomates e as cenouras com as laranjas e o aipo.

Despeje o suco em dois copos altos com gelo, decore com as folhas de aipo como se fossem canudos para misturar, e sirva imediatamente.

Variação: suco de aipo e maçã. Limpe e corte 3 talos de aipo em pedaços de 5 cm. Centrifugue-os com 2 maçãs e 25 g de brotos de alfafa.

suco de manga, maçã e pepino

Rendimento: **200 ml**

200 g de **maçã**
125 g de **pepino**
100 g de **manga**
cubos de gelo ou **água**

Descasque as maçãs e o pepino. Descasque e descaroce a manga e pique a polpa grosseiramente. Centrifugue com as maçãs e o pepino.

Coloque o suco no processador ou liquidificador, adicione 2 cubos de gelo ou água e bata até obter uma consistência espessa. Sirva imediatamente.

Variação: suco de papaia, laranja e pepino. Centrifugue 125 g de polpa de papaia com a mesma quantidade de pepino e 2 laranjas.

smoothie de abacaxi, mandioquinha e cenoura

Rendimento: **300 ml**

250 g de **abacaxi**, mais um pouco para acompanhar (opcional)
100 g de **mandioquinha**
100 g de **cenoura**
75 ml de **leite de soja**
cubos de gelo

Descasque o abacaxi, tire o miolo e corte a polpa em pedaços grandes. Centrifugue as mandioquinhas e as cenouras com o abacaxi.

Coloque o suco no processador ou liquidificador, adicione o leite de soja e alguns cubos de gelo e bata até dissolver bem.

Despeje a mistura em dois copos baixos, decore com rodelas de abacaxi, se desejar, e sirva imediatamente.

Variação: smoothie de cenoura, laranja e banana. Centrifugue 150 g de cenoura com 100 g de laranja e bata no processador ou liquidificador com 100 g de banana e 6 damascos.

smoothie de framboesa e mirtilo

Rendimento: **200 ml**

250 g de **framboesas** frescas
ou congeladas
200 ml de **suco de maçã**
200 g de **mirtilos** frescos
ou congelados
4 colheres (sopa) de **iogurte grego** ou **iogurte natural**
100 ml de **leite desnatado**
1 colher (sopa) de **mel**
ou a gosto
1 colher (sopa) de **germe de trigo** (opcional)

Faça um purê batendo as framboesas e metade do suco de maçã. Faça outro purê com os mirtilos e o suco de maçã restante.

Misture o iogurte, o leite, o mel e o germe de trigo, se for usar, e adicione uma colherada de purê de framboesa.

Disponha o purê de mirtilo num copo alto. Despeje com cuidado a mistura de iogurte e, sobre ela, o purê de framboesa. Sirva gelado.

Variação: suco de frutas vermelhas com baunilha. Bata 150 g de frutas vermelhas frescas ou congeladas com 300 ml de leite de soja sabor baunilha e 1 colher (chá) de mel.

smoothie de manga, maçã e amora-preta

Rendimento: **400 ml**

3 **mangas**
2 colheres (sopa) de **sorbet de manga**
100 ml de **suco de maçã**
200 g de **amoras-pretas** ou **mirtilos**

Descasque e descaroce as mangas e pique grosseiramente a polpa. Bata-a com o sorbet de manga e metade do suco de maçã até obter um purê. Leve para gelar.

Faça outro purê, com as amoras-pretas e o suco de maçã restante.

Com uma colher, coloque o purê de manga em dois copos baixos. Ponha uma colher sobre a superfície da manga, segurando-a bem horizontalmente, e despeje o purê de amora-preta. Arraste uma colher (chá) ou um espeto para o fundo do copo e faça listras verticais em volta dele.

Variação: vitamina de mirtilo, maçã e mel. Disponha 200 g de mirtilos frescos ou congelados no processador ou liquidificador com 100 ml de suco de maçã, 300 ml de iogurte natural e 2 colheres (sopa) de mel. Bata até misturar bem.

picolés de morango, manga e laranja

Rendimento: **450 ml**

125 g de **morangos**
1 **manga** madura pequena
300 ml de **suco de laranja**

Limpe bem os morangos e reserve.

Descasque a manga, descaroce e pique grosseiramente a polpa. Bata a manga, os morangos e o suco de laranja no processador ou liquidificador até engrossar.

Despeje a mistura em fôrmas de picolé e congele até ficar firme.

Variação: smoothie de morango, laranja e banana. Descasque 1 banana pequena madura. Coloque a banana com 75 g de morangos e 250 ml de suco de laranja no processador ou liquidificador e bata até dissolver bem.

vitamina de cupuaçu, banana e manga

Rendimento: **400 ml**

1 **banana** madura
1 **manga** madura
1 polpa de **cupuaçu**
200 ml de **leite semidesnatado**
2-3 **cubos de gelo** (opcional)

Descasque e fatie a banana. Descasque e descaroce a manga e pique grosseiramente a polpa.

Coloque o cupuaçu, a banana, a manga e o leite no processador ou liquidificador e bata até dissolver bem. Nos estados do Centro-Sul, a polpa é congelada, por isso a vitamina dispensa gelo. Se usar a fruta fresca, coloque 2-3 cubos de gelo, caso deseje.

Despeje a mistura em 2-3 copos baixos e sirva imediatamente.

Variação: smoothie de papaia, laranja e banana. Bata a polpa de 1 papaia com 1 banana no processador ou liquidificador, junte o suco de 1 laranja e 300 ml de suco de maçã.

smoothie de kiwi, manga e framboesa

Rendimento: **400 ml**

3 **kiwis**
150 ml de **iogurte de limão** ou **de laranja**
1 **manga** pequena
2 colheres (sopa) de **suco de laranja** ou **de maçã**
150 g de **framboesas** frescas ou congeladas
1-2 colheres (chá) de **mel**

Descasque e pique grosseiramente os kiwis e bata no processador ou liquidificador até dissolver. Com uma colher, passe o purê para dois copos altos e cubra cada um com uma colherada de iogurte, espalhando-o para os lados do copo.

Descasque e descaroce a manga e pique grosseiramente a polpa. Bata-a com o suco de laranja ou de maçã e coloque nos copos, com a ajuda de uma colher, sobre o purê de kiwi e o iogurte. Cubra com outra camada de iogurte.

Bata as framboesas e peneire-as sobre uma tigela para retirar as sementes. Prove para sentir a doçura (talvez você precise misturar um pouco de mel, se estiverem muito azedas) e disponha o purê de framboesa nos copos.

Variação: smoothie de manga, maçã e maracujá.
Centrifugue 3 maçãs. Bata o suco no processador ou liquidificador com a polpa de 1 manga e 2 maracujás.

vitamina de pêssego e laranja

Rendimento: **400 ml**

400 g de **pêssegos** em calda
150 ml de **iogurte de pêssego** ou **de damasco**, mais um pouco para acompanhar
200 ml de **suco de laranja**
mel (opcional)
2-3 **cubos de gelo** (opcional)

Coe os pêssegos, descartando a calda, e coloque-os no processador ou liquidificador com o iogurte, o suco de laranja, o mel, se for usar, e 2 cubos de gelo, se desejar. Bata até dissolver bem.

Despeje a mistura em dois copos baixos e cubra com o iogurte restante, fazendo uma espiral para decorar.

Variação: smoothie de grapefruit com iogurte. Coloque no processador ou liquidificador 200 g de grapefruit em calda ou em gomos com 150 ml de iogurte de limão e 150 ml de leite semidesnatado. Bata até dissolver bem.

vitamina de pêssego

Rendimento: **200 ml**

1 **pêssego** graúdo
150 ml de **iogurte natural**
50 ml de **leite**
framboesas frescas ou
descongeladas para decorar

Descasque e descaroce o pêssego e pique grosseiramente a polpa. Bata-a com o iogurte e o leite no processador ou liquidificador até dissolver bem.

Despeje a vitamina num copo, decore com framboesas e sirva imediatamente.

Variação: smoothie de abacaxi, banana e morango. Centrifugue 100 g de morangos com 300 g de abacaxi. Coloque o suco no processador ou liquidificador, junte 1 banana e bata até dissolver bem.

smoothie de morango e soja

Rendimento: **200 ml**

100 g de **morangos** frescos
ou congelados
200 ml de **leite de soja**
2 **kiwis**
cubos de gelo (opcional)
25 g de **amêndoas em flocos** para decorar
(opcional)

Limpe os morangos. Coloque no processador ou liquidificador com o leite de soja e os kiwis e bata rapidamente. Se estiver usando morangos frescos, adicione alguns cubos de gelo, se desejar, e bata até dissolver bem.

Despeje a mistura num copo, decore com amêndoas em flocos, se desejar, e sirva imediatamente.

Variação: smoothie de frutas vermelhas e mel. Bata 125 g de frutas vermelhas sortidas no processador ou liquidificador com 300 ml de suco de uva, 3 colheres (sopa) de ricota e 1 colher (chá) de mel.

smoothie de banana e chocolate

Rendimento: **400 ml**

1 **banana**
2 colheres (sopa) de **cacau em pó**
200 ml de **leite semidesnatado**
100 ml de **suco de maçã**
2 conchas cheias de **sorvete de baunilha**
cacau em pó ou **raspas de chocolate** para decorar

Descasque e pique grosseiramente a banana. Coloque no processador ou liquidificador com o cacau em pó, o leite, o suco de maçã e o sorvete e bata até dissolver bem.

Despeje a mistura em dois copos altos, polvilhe com cacau em pó ou raspas de chocolate e sirva.

Variação: smoothie de banana e pasta de amendoim.
Coloque a banana, 300 ml de leite semidesnatado e 1 colher (sopa) de pasta de amendoim no processador ou liquidificador e bata até dissolver bem.

smoothie de banana e manga

Rendimento: **600 ml**

1 **banana** graúda, mais um pouco para acompanhar (opcional)
1 **manga** graúda madura
150 ml de **iogurte natural**
300 ml de **suco de abacaxi**

Descasque e fatie a banana. Descasque e descaroce a manga e corte a polpa em cubos.

Coloque a banana, a manga, o iogurte e o suco de abacaxi no processador ou liquidificador e bata até dissolver bem.

Despeje a mistura em três copos, decore com 1 rodela de banana, se quiser, e sirva imediatamente.

Variação: smoothie de banana e iogurte com canela. Bata 1 banana pequena madura com 250 ml de iogurte natural, uma pitada de canela e mel a gosto.

índice

créditos

Editora-executiva: Nicky Hill
Editora-assistente: Sarah Ford
Editora: Lisa John
Editor-executivo de arte: Mark Stevens
Designer: Geoff Borin
Fotógrafa: Lis Parsons
Economia doméstica: Alice Storey
Estilista de culinária: Liz Hippisley
Gerente de produção sênior: Martin Croshaw

Fotografias especiais: © Octopus Publishing Group Limited/Lis Parsons, exceto as seguintes: Octopus Publishing Group Limited/Gareth Sambridge 11, 13, 24, 26, 34, 86, 130, 170, 180; / Janine Hosegood 12, 28, 36, 76, 90; /Jeremy Hopley 64; /Karen Thomas 152; / Stephen Conroy 8; / Vanessa Davies 9, 186, 188, 205, 210, 214, 216, 222, 224, 230.